HOW TO USE TI

MW00944671

If this isn't your [...] probably skip this intro section. If you're new to whiskey some of the terms might be foreign to you; if that's the case then this intro section is for you.

Whisk(e)y Details Section
Whisk(e)y Name: Should be self explanatory
Score: Up to you - but I included mine for reference at the end of this intro section
Producer / Distiller: Who made it?
Region: where was it made?
ABV / Proof: Should be on the bottle
Age: If it's not stated it's NAS (No Age Statement)
Price: Market price
Cask Type: New, ex-Bourbon, ex-Sherry?
Batch: Typically applies to seasonal or limited releases
Cask #: Only for single barrels
Bottle #: For single barrels or limited releases
Distillation Date: Typically only for single barrels
Bottling Date: Typically only for single barrels
[ ]Cask Strength Mark if it's cask strength / barrel proof (no water added)
[ ]Non-Chill Filtered Mark if it states it hasn't been chill filtered
[ ]Natural Color Mark if it states it's natural color or no color added (or a straight bourbon or rye)

Whisk(e)y Notes Section

EYE: Describe the color of the whiskey. Some folks also like to describe the legs, how the liquid clings to the glass, but that's up to you.

NOSE: Describe what you're smelling, what does it remind you of?

PALATE: Describe what you're tasting. Sometimes the notes you pick up in the aroma and taste differ and sometimes they're the same.

FINISH: Also known as the aftertaste; the finish applies to the experience as well. Does the fade last a short period of time or long? Is it dry, oily, chalky, etc.

BALANCE, BODY & FEEL (BBF): This is the experience of drinking the whiskey. Is it dominated by one note (one-noted) making it unbalanced or does it feel like everything is even? How does the whiskey sit in your mouth? Is it hot and dry, thin and watery, round and oily, does it sit heavily on your tongue, etc.?

OVERALL: Describe your overall impression of the whiskey and jot down any thoughts you have while drinking it. Does it remind you of something else? Do you like it? Hate it?

NOTES: Jot down any production or misc. notes about the whisk(e)y you want to remember. This section is particularly helpful when attending a tasting or a Masterclass where the distiller or brand rep is giving out nerdy details about the whisk(e)y.

COMMON NOTES: Sensory perception is personal and based on what you've experienced in your life so don't expect your notes to line up exactly with anyone else's. The important thing is to establish a sensory vocabulary you can easily call on and use to describe what you're experiencing.

- Bourbon - Oak, Dark Sweets (caramel, toffee, butterscotch etc.), Vanilla, Baking Spice (cinnamon, nutmeg, clove, etc.) & Dark Fruit (cherries, prunes)
- Scotch - Smoke (if peated), Orchard Fruit (apples, pears, etc.), Stone Fruit (peaches, apricots, etc.) Salt, Honey & Malt
- Rye - Oak, Leather, Pepper, Herbacious (think gin), Dill, Spice, Dark Fruit, Dark Sweets, Orchard Fruit
- Irish - Orchard Fruit, Honey, Roasted Grain, Malt, Copper, Cinnamon
- Japanese - Smoke (if peated), Ash, Orchard Fruit, Stone Fruit, Cocoa, Salt, Honey, Malt

A lot of what you experience will come from the cask. If it's been aged or finished in Bourbon, Sherry, Rum, Wine or even Beer barrels it's going to give some element of that to the whiskey so you might find notes related to those in the whisk(e)y.

The Whiskey Jug Scoring Scale

By no means do you have to use my scoring scale, but I've included it here if you wanted one at the ready. Some people use only letters, some use 10 point scales, some 5 and some don't rate them at all. There's obviously nothing saying you have to.

Whatever method you choose, if any, just make sure it's defined and remember at the end of the day a score, no matter what form it takes, is nothing more than a representation of how much you liked, or didn't like, the whiskey. It's no more complicated than that.

- **98-100 (A+) = Transcendent:** Almost indescribable
- **93-97 (A) = Amazing:** Among the best I've had
- **90-92 (A-) = Excellent:** So good you crave it
- **87-89 (B+) = Great:** A satisfying daily drinker
- **83-86 (B) = Good:** Might purchase not a must
- **80-82 (B-) = Not bad:** Has merit, worth trying
- **77-79 (C+) = Meh:** Has minor flaws
- **73-76 (C) = Shrug:** Flawed, but not utter swill
- **70-72 (C-) = Bleh:** An education in bad whisk(e)y
- **60-69 (D) = Future dusty:** Would never buy
- **0-59 (F) = No:** Not entirely sure it's safe to drink

TABLE OF CONTENTS

33. _____
34. _____
35. _____
36. _____
37. _____
38. _____
39. _____
40. _____
41. _____
42. _____
43. _____
44. _____
45. _____
46. _____
47. _____
48. _____
49. _____
50. _____

YbL 204 Highland Park (DF)

Whisk(e)y Name: _____ **Score:** 88.5

Producer / Distiller: Highland Park **Region:** Orkney

ABV / Proof: 53.1 **Age:** 20 **Price:** 199.19

Cask Type: Refill Hogshead **Cask #:** DL12125 **Bottle #:** _____

Distillation Date: 09.1997 **Bottling Date:** 09.2017

[X] Cask Strength [X] Non-Chill Filtered [X] Natural Color

EYE: Golden Amber

NOSE: _____

_____

_____

_____

_____

PALATE: Buttery & smooth mouthfeel, w/ a slight bit of heat off the backend.

_____

_____

FINISH: _____

BBF: Complex, well rounded

OVERALL: _____

_____

_____

_____

NOTES: _____

_____

_____

Whisk(e)y Name: _____ **Score:** _____

Producer / Distiller:_____ **Region:**_____

ABV / Proof:_____ **Age:**____ **Price:**____

Cask Type:_____ **Cask #:**_____ **Bottle #:**_____

Distillation Date:_____ **Bottling Date:**_____

[ ]Cask Strength   [ ]Non-Chill Filtered   [ ]Natural Color

EYE:_____

NOSE: _____
_____
_____
_____
_____

PALATE:_____
_____
_____
_____
_____

FINISH:_____

BBF:_____

OVERALL:_____
_____
_____
_____

NOTES:_____
_____
_____

Whisk(e)y Name: _____ **Score:** _____

Producer / Distiller: _____ **Region:** _____

ABV / Proof: _____ **Age:** ____ **Price:** ____

Cask Type: _____ **Cask #:** _____ **Bottle #:** _____

Distillation Date: _____ **Bottling Date:** _____

[ ]Cask Strength   [ ]Non-Chill Filtered   [ ]Natural Color

EYE: _____

NOSE: _____
_____
_____
_____
_____

PALATE: _____
_____
_____
_____
_____

FINISH: _____

BBF: _____

OVERALL: _____
_____
_____
_____

NOTES: _____
_____
_____

Whisk(e)y Name: _____ **Score:** _____

Producer / Distiller: _____ **Region:** _____

ABV / Proof: _____ **Age:** ____ **Price:** ____

Cask Type: _____ **Cask #:** _____ **Bottle #:** _____

Distillation Date: _____ **Bottling Date:** _____

[ ]Cask Strength   [ ]Non-Chill Filtered   [ ]Natural Color

EYE: _____

NOSE: _____
_____
_____
_____
_____

PALATE: _____
_____
_____
_____
_____

FINISH: _____

BBF: _____

OVERALL: _____
_____
_____
_____

NOTES: _____
_____
_____

Whisk(e)y Name: _____ **Score:** _____

Producer / Distiller: _____ **Region:** _____

ABV / Proof: _____ **Age:** ____ **Price:** ____

Cask Type: _____ **Cask #:** _____ **Bottle #:** _____

Distillation Date: _____ **Bottling Date:** _____

[ ]Cask Strength   [ ]Non-Chill Filtered   [ ]Natural Color

EYE: _____

NOSE: _____
_____
_____
_____
_____

PALATE: _____
_____
_____
_____
_____

FINISH: _____

BBF: _____

OVERALL: _____
_____
_____
_____

NOTES: _____
_____
_____

Whisk(e)y Name: _____ **Score:** _____

Producer / Distiller: _____ **Region:** _____

ABV / Proof: _____ **Age:** ____ **Price:** ____

Cask Type: _____ **Cask #:** _____ **Bottle #:** _____

Distillation Date: _____ **Bottling Date:** _____

[ ]Cask Strength   [ ]Non-Chill Filtered   [ ]Natural Color

EYE: _____

NOSE: _____

_____

_____

_____

_____

PALATE: _____

_____

_____

_____

_____

FINISH: _____

BBF: _____

OVERALL: _____

_____

_____

_____

NOTES: _____

_____

_____

Whisk(e)y Name: _____ **Score:** _____

Producer / Distiller:_____ **Region:**_____

ABV / Proof:_____ **Age:**____ **Price:**____

Cask Type:_____ **Cask #:**_____ **Bottle #:**_____

Distillation Date:_____ **Bottling Date:**_____

[ ]Cask Strength   [ ]Non-Chill Filtered   [ ]Natural Color

EYE:_____

NOSE: _____
_____
_____
_____
_____

PALATE:_____
_____
_____
_____
_____

FINISH:_____

BBF:_____

OVERALL:_____
_____
_____
_____

NOTES:_____
_____
_____

Whisk(e)y Name: _____ **Score:** _____

Producer / Distiller: _____ **Region:** _____

ABV / Proof: _____ **Age:** ____ **Price:** ____

Cask Type: _____ **Cask #:** _____ **Bottle #:** _____

Distillation Date: _____ **Bottling Date:** _____

[ ]Cask Strength   [ ]Non-Chill Filtered   [ ]Natural Color

EYE: _____

NOSE: _____

_____

_____

_____

_____

_____

PALATE: _____

_____

_____

_____

_____

FINISH: _____

BBF: _____

OVERALL: _____

_____

_____

_____

NOTES: _____

_____

_____

Whisk(e)y Name: _____ Score: _____

Producer / Distiller:_____ Region:_____

ABV / Proof:_____ Age:____ Price:____

Cask Type:_____ Cask #:_____ Bottle #:_____

Distillation Date:_____ Bottling Date:_____

[ ]Cask Strength   [ ]Non-Chill Filtered   [ ]Natural Color

EYE:_____

NOSE: _____
_____
_____
_____
_____

PALATE:_____
_____
_____
_____
_____

FINISH:_____

BBF:_____

OVERALL:_____
_____
_____
_____

NOTES:_____
_____
_____

Whisk(e)y Name: _____ **Score:** _____

Producer / Distiller:_____ **Region:**_____

ABV / Proof:_____ **Age:**____ **Price:**____

Cask Type:_____ **Cask #:**_____ **Bottle #:**_____

Distillation Date:_____ **Bottling Date:**_____

[ ]Cask Strength   [ ]Non-Chill Filtered   [ ]Natural Color

EYE:_____

NOSE: _____

_____

_____

_____

_____

PALATE:_____

_____

_____

_____

_____

FINISH:_____

BBF:_____

OVERALL:_____

_____

_____

_____

NOTES:_____

_____

_____

Whisk(e)y Name: _____ **Score:** _____

Producer / Distiller:_____ **Region:**_____

ABV / Proof:_____ **Age:**____ **Price:**____

Cask Type:_____ **Cask #:**_____ **Bottle #:**_____

Distillation Date:_____ **Bottling Date:**_____

[ ]Cask Strength   [ ]Non-Chill Filtered   [ ]Natural Color

EYE:_____

NOSE: _____

_____

_____

_____

_____

PALATE:_____

_____

_____

_____

_____

FINISH:_____

BBF:_____

OVERALL:_____

_____

_____

_____

NOTES:_____

_____

_____

Whisk(e)y Name: _____ **Score:** _____

Producer / Distiller: _____ **Region:** _____

ABV / Proof: _____ **Age:** ____ **Price:** ____

Cask Type: _____ **Cask #:** _____ **Bottle #:** _____

Distillation Date: _____ **Bottling Date:** _____

[ ]Cask Strength   [ ]Non-Chill Filtered   [ ]Natural Color

EYE: _____

NOSE: _____

_____

_____

_____

_____

PALATE: _____

_____

_____

_____

_____

FINISH: _____

BBF: _____

OVERALL: _____

_____

_____

_____

NOTES: _____

_____

_____

Whisk(e)y Name: _____ **Score:** _____

Producer / Distiller:_____ **Region:**_____

ABV / Proof:_____ **Age:**____ **Price:**____

Cask Type:_____ **Cask #:**_____ **Bottle #:**_____

Distillation Date:_____ **Bottling Date:**_____

[ ]Cask Strength   [ ]Non-Chill Filtered   [ ]Natural Color

EYE:_____

NOSE: _____

_____

_____

_____

_____

PALATE:_____

_____

_____

_____

_____

FINISH:_____

BBF:_____

OVERALL:_____

_____

_____

_____

NOTES:_____

_____

_____

Whisk(e)y Name: _____ **Score:** _____

Producer / Distiller: _____ **Region:** _____

ABV / Proof: _____ **Age:** ____ **Price:** ____

Cask Type: _____ **Cask #:** _____ **Bottle #:** _____

Distillation Date: _____ **Bottling Date:** _____

[ ]Cask Strength   [ ]Non-Chill Filtered   [ ]Natural Color

EYE: _____

NOSE: _____

_____

_____

_____

_____

PALATE: _____

_____

_____

_____

_____

FINISH: _____

BBF: _____

OVERALL: _____

_____

_____

_____

NOTES: _____

_____

_____

Whisk(e)y Name: _____ Score: _____

Producer / Distiller:_____ Region:_____

ABV / Proof:_____ Age:____ Price:____

Cask Type:_____ Cask #:_____ Bottle #:_____

Distillation Date:_____ Bottling Date:_____

[ ]Cask Strength   [ ]Non-Chill Filtered   [ ]Natural Color

EYE:_____

NOSE: _____
_____
_____
_____
_____

PALATE:_____
_____
_____
_____
_____

FINISH:_____

BBF:_____

OVERALL:_____
_____
_____
_____

NOTES:_____
_____
_____

Whisk(e)y Name: _____ **Score:** _____

Producer / Distiller: _____ **Region:** _____

ABV / Proof: _____ **Age:** ____ **Price:** ____

Cask Type: _____ **Cask #:** _____ **Bottle #:** _____

Distillation Date: _____ **Bottling Date:** _____

[ ]Cask Strength   [ ]Non-Chill Filtered   [ ]Natural Color

EYE: _____

NOSE: _____
_____
_____
_____
_____

PALATE: _____
_____
_____
_____
_____

FINISH: _____

BBF: _____

OVERALL: _____
_____
_____
_____

NOTES: _____
_____
_____

Whisk(e)y Name: _____ **Score:** _____

Producer / Distiller:_____ **Region:**_____

ABV / Proof:_____ **Age:**____ **Price:**____

Cask Type:_____ **Cask #:**_____ **Bottle #:**_____

Distillation Date:_____ **Bottling Date:**_____

[ ]Cask Strength   [ ]Non-Chill Filtered   [ ]Natural Color

EYE:_____

NOSE: _____
_____
_____
_____
_____

PALATE:_____
_____
_____
_____
_____

FINISH:_____

BBF:_____

OVERALL:_____
_____
_____
_____

NOTES:_____
_____
_____

Whisk(e)y Name: _____ **Score:** _____

Producer / Distiller: _____ **Region:** _____

ABV / Proof: _____ **Age:** ___ **Price:** ____

Cask Type: _____ **Cask #:** _____ **Bottle #:** _____

Distillation Date: _____ **Bottling Date:** _____

[ ]Cask Strength   [ ]Non-Chill Filtered   [ ]Natural Color

EYE: _____

NOSE: _____
_____
_____
_____
_____

PALATE: _____
_____
_____
_____
_____

FINISH: _____

BBF: _____

OVERALL: _____
_____
_____
_____

NOTES: _____
_____
_____

Whisk(e)y Name: _____ **Score:** _____

Producer / Distiller: _____ **Region:** _____

ABV / Proof: _____ **Age:** ____ **Price:** ____

Cask Type: _____ **Cask #:** _____ **Bottle #:** _____

Distillation Date: _____ **Bottling Date:** _____

[ ]Cask Strength   [ ]Non-Chill Filtered   [ ]Natural Color

EYE: _____

NOSE: _____

_____

_____

_____

_____

PALATE: _____

_____

_____

_____

_____

FINISH: _____

BBF: _____

OVERALL: _____

_____

_____

_____

NOTES: _____

_____

_____

Whisk(e)y Name: _____ **Score:** _____

Producer / Distiller: _____ **Region:** _____

ABV / Proof: _____ **Age:** ____ **Price:** ____

Cask Type: _____ **Cask #:** _____ **Bottle #:** _____

Distillation Date: _____ **Bottling Date:** _____

[ ]Cask Strength   [ ]Non-Chill Filtered   [ ]Natural Color

EYE: _____

NOSE: _____

_____

_____

_____

_____

PALATE: _____

_____

_____

_____

_____

FINISH: _____

BBF: _____

OVERALL: _____

_____

_____

_____

NOTES: _____

_____

_____

Whisk(e)y Name: _____ Score: _____

Producer / Distiller:_____ Region:_____

ABV / Proof:_____ Age:____ Price:____

Cask Type:_____ Cask #:_____ Bottle #:_____

Distillation Date:_____ Bottling Date:_____

[ ]Cask Strength   [ ]Non-Chill Filtered   [ ]Natural Color

EYE:_____

NOSE: _____

_____

_____

_____

_____

PALATE:_____

_____

_____

_____

_____

FINISH:_____

BBF:_____

OVERALL:_____

_____

_____

_____

NOTES:_____

_____

_____

Whisk(e)y Name: _____ **Score:** _____

Producer / Distiller: _____ **Region:** _____

ABV / Proof: _____ **Age:** ____ **Price:** ____

Cask Type: _____ **Cask #:** _____ **Bottle #:** _____

Distillation Date: _____ **Bottling Date:** _____

[ ]Cask Strength   [ ]Non-Chill Filtered   [ ]Natural Color

EYE: _____

NOSE: _____

_____

_____

_____

_____

PALATE: _____

_____

_____

_____

_____

FINISH: _____

BBF: _____

OVERALL: _____

_____

_____

_____

NOTES: _____

_____

_____

Whisk(e)y Name: _____ **Score:** _____

Producer / Distiller: _____ **Region:** _____

ABV / Proof: _____ **Age:** ____ **Price:** ____

Cask Type: _____ **Cask #:** _____ **Bottle #:** _____

Distillation Date: _____ **Bottling Date:** _____

[ ]Cask Strength   [ ]Non-Chill Filtered   [ ]Natural Color

EYE: _____

NOSE: _____
_____
_____
_____
_____

PALATE: _____
_____
_____
_____
_____

FINISH: _____

BBF: _____

OVERALL: _____
_____
_____
_____

NOTES: _____
_____
_____

Whisk(e)y Name: _____ **Score:** _____

Producer / Distiller:_____ **Region:**_____

ABV / Proof:_____ **Age:**____ **Price:**____

Cask Type:_____ **Cask #:**_____ **Bottle #:**_____

Distillation Date:_____ **Bottling Date:**_____

[ ]Cask Strength [ ]Non-Chill Filtered [ ]Natural Color

EYE:_____

NOSE: _____

_____

_____

_____

_____

PALATE:_____

_____

_____

_____

_____

FINISH:_____

BBF:_____

OVERALL:_____

_____

_____

_____

NOTES:_____

_____

_____

Whisk(e)y Name: _____ **Score:** _____

Producer / Distiller: _____ **Region:** _____

ABV / Proof: _____ **Age:** _____ **Price:** _____

Cask Type: _____ **Cask #:** _____ **Bottle #:** _____

Distillation Date: _____ **Bottling Date:** _____

[ ]Cask Strength   [ ]Non-Chill Filtered   [ ]Natural Color

EYE: _____

NOSE: _____
_____
_____
_____
_____

PALATE: _____
_____
_____
_____
_____

FINISH: _____

BBF: _____

OVERALL: _____
_____
_____
_____

NOTES: _____
_____
_____

Whisk(e)y Name: _____ **Score:** _____

Producer / Distiller:_____ **Region:**_____

ABV / Proof:_____ **Age:**____ **Price:**____

Cask Type:_____ **Cask #:**_____ **Bottle #:**_____

Distillation Date:_____ **Bottling Date:**_____

[ ]Cask Strength   [ ]Non-Chill Filtered   [ ]Natural Color

EYE:_____

NOSE: _____

_____

_____

_____

_____

PALATE:_____

_____

_____

_____

_____

FINISH:_____

BBF:_____

OVERALL:_____

_____

_____

_____

NOTES:_____

_____

_____

Whisk(e)y Name: _____ **Score:** _____

Producer / Distiller: _____ **Region:** _____

ABV / Proof: _____ **Age:** ____ **Price:** ____

Cask Type: _____ **Cask #:** _____ **Bottle #:** _____

Distillation Date: _____ **Bottling Date:** _____

[ ]Cask Strength   [ ]Non-Chill Filtered   [ ]Natural Color

EYE: _____

NOSE: _____
_____
_____
_____
_____

PALATE: _____
_____
_____
_____
_____

FINISH: _____

BBF: _____

OVERALL: _____
_____
_____
_____

NOTES: _____
_____
_____

Whisk(e)y Name: _____ **Score:** _____

Producer / Distiller: _____ **Region:** _____

ABV / Proof: _____ **Age:** ____ **Price:** ____

Cask Type: _____ **Cask #:** _____ **Bottle #:** _____

Distillation Date: _____ **Bottling Date:** _____

[ ]Cask Strength   [ ]Non-Chill Filtered   [ ]Natural Color

EYE: _____

NOSE: _____
_____
_____
_____
_____

PALATE: _____
_____
_____
_____
_____

FINISH: _____

BBF: _____

OVERALL: _____
_____
_____
_____

NOTES: _____
_____
_____

Whisk(e)y Name: _____ **Score:** _____

Producer / Distiller:_____ **Region:**_____

ABV / Proof:_____ **Age:**____ **Price:**____

Cask Type:_____ **Cask #:**_____ **Bottle #:**_____

Distillation Date:_____ **Bottling Date:**_____

[ ]Cask Strength   [ ]Non-Chill Filtered   [ ]Natural Color

EYE:_____

NOSE: _____

_____

_____

_____

_____

PALATE:_____

_____

_____

_____

_____

FINISH:_____

BBF:_____

OVERALL:_____

_____

_____

_____

NOTES:_____

_____

_____

Whisk(e)y Name: _____ **Score:** _____

Producer / Distiller: _____ **Region:** _____

ABV / Proof: _____ **Age:** ____ **Price:** ____

Cask Type: _____ **Cask #:** _____ **Bottle #:** _____

Distillation Date: _____ **Bottling Date:** _____

[ ]Cask Strength   [ ]Non-Chill Filtered   [ ]Natural Color

EYE: _____

NOSE: _____

_____

_____

_____

_____

PALATE: _____

_____

_____

_____

_____

FINISH: _____

BBF: _____

OVERALL: _____

_____

_____

_____

NOTES: _____

_____

_____

Whisk(e)y Name: _____ **Score:** _____

Producer / Distiller: _____ **Region:** _____

ABV / Proof: _____ **Age:** ____ **Price:** ____

Cask Type: _____ **Cask #:** _____ **Bottle #:** _____

Distillation Date: _____ **Bottling Date:** _____

[ ]Cask Strength   [ ]Non-Chill Filtered   [ ]Natural Color

EYE: _____

NOSE: _____

_____

_____

_____

_____

PALATE: _____

_____

_____

_____

_____

FINISH: _____

BBF: _____

OVERALL: _____

_____

_____

_____

NOTES: _____

_____

_____

Whisk(e)y Name: _____ **Score:** _____

Producer / Distiller: _____ **Region:** _____

ABV / Proof: _____ **Age:** ____ **Price:** ____

Cask Type: _____ **Cask #:** _____ **Bottle #:** _____

Distillation Date: _____ **Bottling Date:** _____

[ ]Cask Strength   [ ]Non-Chill Filtered   [ ]Natural Color

EYE: _____

NOSE: _____
_____
_____
_____
_____

PALATE: _____
_____
_____
_____
_____

FINISH: _____

BBF: _____

OVERALL: _____
_____
_____
_____

NOTES: _____
_____
_____

Whisk(e)y Name: _____ **Score:** _____

Producer / Distiller:_____ **Region:**_____

ABV / Proof:_____ **Age:**____ **Price:**____

Cask Type:_____ **Cask #:**_____ **Bottle #:**_____

Distillation Date:_____ **Bottling Date:**_____

[ ]Cask Strength   [ ]Non-Chill Filtered   [ ]Natural Color

EYE:_____

NOSE: _____
_____
_____
_____
_____

PALATE:_____
_____
_____
_____
_____

FINISH:_____

BBF:_____

OVERALL:_____
_____
_____
_____

NOTES:_____
_____
_____

Whisk(e)y Name: _____ **Score:** _____

Producer / Distiller:_____ **Region:**_____

ABV / Proof:_____ **Age:**____ **Price:**____

Cask Type:_____ **Cask #:**_____ **Bottle #:**_____

Distillation Date:_____ **Bottling Date:**_____

[ ]Cask Strength   [ ]Non-Chill Filtered   [ ]Natural Color

EYE:_____

NOSE: _____
_____
_____
_____
_____

PALATE:_____
_____
_____
_____
_____

FINISH:_____

BBF:_____

OVERALL:_____
_____
_____
_____

NOTES:_____
_____
_____

Whisk(e)y Name: _____ **Score:** _____

Producer / Distiller: _____ **Region:** _____

ABV / Proof: _____ **Age:** ____ **Price:** ____

Cask Type: _____ **Cask #:** _____ **Bottle #:** _____

Distillation Date: _____ **Bottling Date:** _____

[ ]Cask Strength   [ ]Non-Chill Filtered   [ ]Natural Color

EYE: _____

NOSE: _____

_____

_____

_____

_____

PALATE: _____

_____

_____

_____

_____

FINISH: _____

BBF: _____

OVERALL: _____

_____

_____

_____

NOTES: _____

_____

_____

Whisk(e)y Name: _____ **Score:** _____

Producer / Distiller:_____ **Region:**_____

ABV / Proof:_____ **Age:**____ **Price:**____

Cask Type:_____ **Cask #:**_____ **Bottle #:**_____

Distillation Date:_____ **Bottling Date:**_____

[ ]Cask Strength   [ ]Non-Chill Filtered   [ ]Natural Color

EYE:_____

NOSE: _____
_____
_____
_____
_____

PALATE:_____
_____
_____
_____
_____

FINISH:_____

BBF:_____

OVERALL:_____
_____
_____
_____

NOTES:_____
_____
_____

Whisk(e)y Name: _____ **Score:** _____

Producer / Distiller:_____ **Region:**_____

ABV / Proof:_____ **Age:**____ **Price:**____

Cask Type:_____ **Cask #:**_____ **Bottle #:**_____

Distillation Date:_____ **Bottling Date:**_____

[ ]Cask Strength   [ ]Non-Chill Filtered   [ ]Natural Color

EYE:_____

NOSE: _____

_____

_____

_____

_____

PALATE:_____

_____

_____

_____

_____

FINISH:_____

BBF:_____

OVERALL:_____

_____

_____

_____

NOTES:_____

_____

_____

Whisk(e)y Name: _____ **Score:** _____

Producer / Distiller: _____ **Region:** _____

ABV / Proof: _____ **Age:** _____ **Price:** _____

Cask Type: _____ **Cask #:** _____ **Bottle #:** _____

Distillation Date: _____ **Bottling Date:** _____

[ ]Cask Strength   [ ]Non-Chill Filtered   [ ]Natural Color

EYE: _____

NOSE: _____
_____
_____
_____
_____

PALATE: _____
_____
_____
_____
_____

FINISH: _____

BBF: _____

OVERALL: _____
_____
_____
_____

NOTES: _____
_____
_____

Whisk(e)y Name: _____ **Score:** _____

Producer / Distiller: _____ **Region:** _____

ABV / Proof: _____ **Age:** ____ **Price:** ____

Cask Type: _____ **Cask #:** _____ **Bottle #:** _____

Distillation Date: _____ **Bottling Date:** _____

[ ]Cask Strength   [ ]Non-Chill Filtered   [ ]Natural Color

EYE: _____

NOSE: _____

_____

_____

_____

_____

PALATE: _____

_____

_____

_____

_____

FINISH: _____

BBF: _____

OVERALL: _____

_____

_____

_____

NOTES: _____

_____

_____

Whisk(e)y Name: _____ **Score:** _____

Producer / Distiller: _____ **Region:** _____

ABV / Proof: _____ **Age:** _____ **Price:** _____

Cask Type: _____ **Cask #:** _____ **Bottle #:** _____

Distillation Date: _____ **Bottling Date:** _____

[ ]Cask Strength   [ ]Non-Chill Filtered   [ ]Natural Color

EYE: _____

NOSE: _____
_____
_____
_____
_____

PALATE: _____
_____
_____
_____
_____

FINISH: _____

BBF: _____

OVERALL: _____
_____
_____
_____

NOTES: _____
_____
_____

Whisk(e)y Name: _____ **Score:** _____

Producer / Distiller:_____ **Region:**_____

ABV / Proof:_____ **Age:**____ **Price:**____

Cask Type:_____ **Cask #:**_____ **Bottle #:**_____

Distillation Date:_____ **Bottling Date:**_____

[ ]Cask Strength   [ ]Non-Chill Filtered   [ ]Natural Color

EYE:_____

NOSE: _____
_____
_____
_____
_____

PALATE:_____
_____
_____
_____
_____

FINISH:_____

BBF:_____

OVERALL:_____
_____
_____
_____

NOTES:_____
_____
_____

Whisk(e)y Name: _____ **Score:** _____

Producer / Distiller: _____ **Region:** _____

ABV / Proof: _____ **Age:** ____ **Price:** ____

Cask Type: _____ **Cask #:** _____ **Bottle #:** _____

Distillation Date: _____ **Bottling Date:** _____

[ ]Cask Strength   [ ]Non-Chill Filtered   [ ]Natural Color

EYE: _____

NOSE: _____

_____

_____

_____

_____

PALATE: _____

_____

_____

_____

_____

FINISH: _____

BBF: _____

OVERALL: _____

_____

_____

_____

NOTES: _____

_____

_____

43

Whisk(e)y Name: Burgundy 12   Score: _____
Producer / Distiller: Springbank   Region: _____
ABV / Proof: 53.5% Age: 12 Price: _____
Cask Type: FF Burgundy Cask #: _____ Bottle #: _____
Distillation Date: 11/03   Bottling Date: 5/25/16
[ ]Cask Strength   [ ]Non-Chill Filtered   [ ]Natural Color

EYE: Burnished

NOSE: dried fig, honey, almond?

PALATE: honey, sweet, syrupy,

FINISH: Warm

BBF:

OVERALL:

NOTES:

Whisk(e)y Name: Peerless KY Straight Rye **Score:** _____

Producer / Distiller: Kentucky Peerless Distilling Company **Region:** Louisville

ABV / Proof: 107.4 **Age:** _____ **Price:** _____

Cask Type: New American Oak **Cask #:** _____ **Bottle #:** R150413103

Distillation Date: _____ **Bottling Date:** _____

[✓]Cask Strength [✓]Non-Chill Filtered [ ]Natural Color

EYE: Burnished

NOSE: Sugar, burnt sugar, maple syrup campfire

PALATE: Char, new whiskey, pepper, marshmellow

FINISH: Slightly warm - Medium lingering

BBF:

OVERALL: enjoyable rye, well balanced

NOTES:

Whisk(e)y Name: Exclusive Malts   **Score:** _____

Producer / Distiller: _____   **Region:** _____

ABV / Proof: 54.2% **Age:** ____ **Price:** ____

Cask Type: 2nd Refil Maderi **Cask #:** _____ **Bottle #:** ____

Distillation Date: 1/21/02 **Bottling Date:** 12/15

[✓]Cask Strength   [ ]Non-Chill Filtered   [✓]Natural Color

EYE: Gold

NOSE: Sweet, honey, brown sugar

PALATE: Warm, soft mouthfeel
Sweet, fruity (apple or pear maybe)

FINISH: nice finish, slightly warm

BBF:

OVERALL: Very good Single Malt
Irish whiskey.

NOTES: 13 Year Irish single Cask
K&L exclusive
100% malted barley

Whisk(e)y Name: Phenomenology   **Score:** _____
Producer / Distiller: Compass Box   **Region:** Blend
ABV / Proof: 46%   **Age:** ___   **Price:** ____
Cask Type: _____ **Cask #:** _____ **Bottle #:** _____
Distillation Date: _____ **Bottling Date:** _____
[ ]Cask Strength   [ ]Non-Chill Filtered   [ ]Natural Color

EYE: Gold - maybe in between corn & gold

NOSE: Complex. white grape, pear, very fruity, lemon? floral

PALATE: little Peat, little smoky, slightly hot just on tip of tongue. guessing it is aged in bourbon barrels No sherry. Reminds me of Highland Park

FINISH: _____

BBF: smooth / balanced

OVERALL: Very nice blend.

NOTES: Limited Release 7,908 bottles

Whisk(e)y Name: _____ **Score:** _____

Producer / Distiller: _____ **Region:** _____

ABV / Proof: _____ **Age:** ____ **Price:** ____

Cask Type: _____ **Cask #:** _____ **Bottle #:** _____

Distillation Date: _____ **Bottling Date:** _____

[ ]Cask Strength   [ ]Non-Chill Filtered   [ ]Natural Color

EYE: _____

NOSE: _____

_____

_____

_____

_____

PALATE: _____

_____

_____

_____

_____

FINISH: _____

BBF: _____

OVERALL: _____

_____

_____

_____

NOTES: _____

_____

_____

Whisk(e)y Name: _____ **Score:** _____

Producer / Distiller: _____ **Region:** _____

ABV / Proof: _____ **Age:** ____ **Price:** ____

Cask Type: _____ **Cask #:** _____ **Bottle #:** _____

Distillation Date: _____ **Bottling Date:** _____

[ ]Cask Strength   [ ]Non-Chill Filtered   [ ]Natural Color

EYE: _____

NOSE: _____
_____
_____
_____
_____

PALATE: _____
_____
_____
_____
_____

FINISH: _____

BBF: _____

OVERALL: _____
_____
_____
_____

NOTES: _____
_____
_____

Whisk(e)y Name: _____ **Score:** _____

Producer / Distiller: _____ **Region:** _____

ABV / Proof: _____ **Age:** ____ **Price:** ____

Cask Type: _____ **Cask #:** _____ **Bottle #:** _____

Distillation Date: _____ **Bottling Date:** _____

[ ]Cask Strength   [ ]Non-Chill Filtered   [ ]Natural Color

EYE: _____

NOSE: _____
_____
_____
_____
_____

PALATE: _____
_____
_____
_____
_____

FINISH: _____

BBF: _____

OVERALL: _____
_____
_____
_____

NOTES: _____
_____
_____

Whisk(e)y Name: _____ **Score:** _____

Producer / Distiller:_____ **Region:**_____

ABV / Proof:_____ **Age:**____ **Price:**____

Cask Type:_____ **Cask #:**_____ **Bottle #:**_____

Distillation Date:_____ **Bottling Date:**_____

[ ]Cask Strength   [ ]Non-Chill Filtered   [ ]Natural Color

EYE:_____

NOSE: _____
_____
_____
_____
_____

PALATE:_____
_____
_____
_____
_____

FINISH:_____

BBF:_____

OVERALL:_____
_____
_____
_____

NOTES:_____
_____
_____

ADDITIONAL NOTES:_____

67833855R00033

Made in the USA
San Bernardino, CA
27 January 2018